L'IDIOME

DES

INSCRIPTIONS CUNÉIFORMES URARTIQUES

PAR

JOSEPH SANDALGIAN

ROME

LIBRAIRIE HERMANN LOESCHER ET C.º

(BRETSCHNEIDER & REGENBERG)

VIA DEL CORSO, 307

1898

La questione della parentela genealogica dell'idioma delle iscrizioni cuneiformi di Armenia vien ad essere risollevata dal Sig.r Giuseppe Sandalgian. Nella Memoria, che egli ha redatta, l'autore, dopo un studio di più di 5½ anni, conclude all'arianismo di quell'idioma, citandovi dei passaggi interi di quelle iscrizioni, ed identificandone i termini con quelli delle lingue ariane. La Memoria è il risultato preciso degli studj coscienziosi dell'autore, membro del clero armeno cattolico di Costantinopoli. Essa porta il titolo L'Idiome des Inscriptions Cunéiformes Urartiques, ed è in vendita presso H. Loescher & C.ie, librajo, Roma, via del Corso, 307, a prezzo di fr. 1.25c.

à joindre

L'IDIOME

DES

INSCRIPTIONS CUNÉIFORMES URARTIQUES

PAR

JOSEPH SANDALGIAN

ROME

LIBRAIRIE HERMANN LOESCHER ET C.º

(BRETSCHNEIDER & REGENBERG)

VIA DEL CORSO, 307

—

1898

ROME

TYPOGRAPHIE DE L'ACADÉMIE ROYALE DES *LINCEI*

1898

L'IDIOME

DES

INSCRIPTIONS CUNÉIFORMES URARTIQUES

A

L'ACADÉMIE DES INSCRIPTIONS ET BELLES LETTRES

DE FRANCE

HOMMAGE RESPECTUEUX

DE L'AUTEUR

La France, toujours la première d'entre les nations à prendre l'initiative en fait d'entreprises généreuses et glorieuses, donna la première, il y a soixante-douze ans, l'impulsion à la connaissance publique des inscriptions cunéiformes de Van et de ses environs, c'est à dire des pays où régnaient les rois d'Urarṭu (= Ourarṭou), d'après les inscriptions cunéiformes assyriennes.

Aussi bien, la science et la nation arménienne doivent une profonde gratitude au gouvernement de France qui, en 1826, sur le conseil de M. Saint-Martin, a bien voulu charger le jeune savant Édouard Schulz, de regrettée mémoire, de se rendre sur les rivages du lac de Van dans le but de faire les copies des inscriptions cunéiformes existant sur le roc attenant à cette ville, et de chercher à en découvrir d'autres encore, qui ne pouvaient ne pas exister dans les districts avoisinant la capitale des rois d'Urarṭu.

Parti dans la même année pour l'exécution de l'importante mission dont il était chargé, Schulz avait copié, jusqu'à la fin de 1828, maintes inscriptions existant dans des endroits publics ou dans les édifices privés. L'année suivante le jeune savant ayant été assassiné par les Kurdes, le bey de Djoulamerk put sauver la plus grande partie des copies faites par le savant assassiné. Elles furent envoyées à Paris, où le *Journal Asiatique* les publia en 1840, dans la série III, vol. IX, n° 52. Ces inscriptions, petites ou grandes, en une ou plusieurs colonnes, sont au nombre de vingt-sept. Plus tard une nouvelle mission, confiée en 1888 par le gouvernement français à M. Hyvernat, augmenta sensiblement le nombre des copies de ces inscriptions. — L'exemple donné par le gouvernement français produisit ses effets; car des savants, des voyageurs ou simplement des amateurs, en découvrant de nouvelles inscriptions, contribuèrent à l'augmentation de la découverte du trésor inappréciable, que les rois suzerains de l'ancienne Arménie nous avaient légué, à nous autres Arméniens, les descendants directs de leurs sujets. — Je ne puis me dispenser de rappeler ici la mission, dont la Société Impériale d'Archéologie de Moscou a bien voulu charger, à deux reprises, en 1893 et 1894, MM. Nikolski et Iwanowski (ce dernier opérant seul la seconde année), à l'effet de réunir les inscriptions urarṭiques qui se trouvaient dans la partie russe de l'Arménie, et de tâcher d'en faire de nouvelles découvertes. Ces Messieurs remplirent leur mission très honorablement. — De la sorte, le nombre des inscriptions en idiome urarṭique, qui m'étaient connues jusqu'à la fin de l'an 1896, montait au chiffre respectable de quatre-vingt-six, sans compter les paralleles ou les duplicata et les triplicata d'une même inscription.

Qu'il me soit permis maintenant d'entrer, sans plus tarder, dans le cœur même de la question, que j'ai l'honneur de traiter. Le célèbre historien des Indes, Christian Lassen, attribua nos inscriptions nationales aux rois d'Assyrie; leur idiome, par conséquent, était, selon lui, assyrien, c'est à dire sémitique. Cependant, cette assertion fut dûment réfutée par Grotefend, cet illustre savant qui fut le premier, on peut le dire, à parler avec quelque autorité de l'idiome urarṭique, lorsqu'il publia l'inscription d'Isoglou (*Voy.* le nᵒ L. de Sayce) dans les *Original papers read before the Syro-Egytian Society of London,* i. 1, 1845, pp. 145 et suiv. En 1847 on était parvenu à établir d'une façon assez sûre la lecture des inscriptions assyriennes. Bien que l'écriture de nos inscriptions nationales fût au fond un emprunt fait à celle des inscriptions des rois d'Assyrie, le professeur anglais Hincks put bien discerner que l'idiome de nos inscriptions était de la famille des langues aryennes. Plus tard le professeur Mordtmann, tout en confirmant l'opinion du savant anglais, put même dire qu'on pouvait interpréter l'idiome des inscriptions urarṭiques à l'aide d'un dictionnaire de la langue arménienne classique. Cette proposition était vraie, mais en partie seulement. J'aurais souhaité que ces deux savants eussent pu tirer de ce qu'ils avançaient tout le profit, qu'on était peut-être en droit d'attendre de leur part. Ce qui les empêcha de réussir dans l'interprétation de l'idiome de nos inscriptions, ce fut d'abord l'absence de la connaissance exacte de l'inaptitude des caractères cunéiformes assyriens à rendre intégralement tous les mots de l'idiome urarṭique; en second lieu, comme le premier ignorait totalement l'arménien classique, et le second n'en possédait qu'une connaissance très superficielle, ils étaient d'avance condamnés à ne faire que très peu de lumière dans l'obscurité qui les environnait. D'ailleurs l'arménien classique, qui ne pouvait être qu'un des nombreux facteurs dont on aurait dû se servir, ne pouvait nullement être suffisant à l'interprétation de l'idiome urarţique. Je dois relever ici cette particularité qu'aucun des savants européens, qui se sont voués à l'étude de nos inscriptions nationales, n'a eu l'idée hardie mais heureuse de grouper ces mêmes facteurs qui, en l'espèce, ne pouvaient être, généralement parlant, que du groupe des langues aryennes, et de s'en servir utilement d'après les plus strictes règles de la science linguistique ou de la philologie comparée.

En contradiction avec ces deux savants, MM. Fr. Lenormant et A. H. Sayce opinèrent que l'idiome urarţique, loin d'être aryen, était susceptible d'être interprété par l'ancien géorgien. Pour ces dignes personnages, les aryens n'étaient entrés en Arménie que quelques siècles après l'époque de la composition des dernières inscriptions qui s'y trouvent. Influencé, à n'en pas douter, par la différence d'opinion des savants plus haut mentionnés, Stanislas Guyard put même dire que les inscriptions du lac de Van étaient rédigées dans une langue inconnue (*Journal Asiatique*, 1880, Mai-Juin, p. 540). Mais je me hâte de dire que la mort prématurée de ce jeune orientaliste avait, quelques années après, privé la science de précieuses découvertes qu'il aurait ajoutées à celles qu'il avait faites un peu avant sa mort. Elles se rapportent à la lecture correcte d'un signe cunéiforme, à la signification d'un certain nombre de mots et à la conjugaison de quelques verbes. Henry Rawlinson, le fondateur de l'assyriologie, opinait qu'il y avait des ressemblances entre les idiomes accadien et urarţique; il croyait qu'on serait parvenu à vérifier que ces deux idiomes étaient véritablement parents de la langue scythique (médique), qui constitue la seconde rédaction des inscriptions des rois Achéménides de Perse.

Tel fut, en général, l'état des opinions qu'on a eues et qu'on continue encore à avoir sur la nature et sur la parenté du langage des inscriptions urarţiques; car, d'autres urarţologues, au nombre de six, ne purent rien exprimer de bien précis ni de bien particulier. Une lumière complète était encore à faire; mais elle n'est pas faite encore.

C'est dans cet état de choses que, il y a un peu plus de cinq ans, j'ai entrepris les études urarţologiques. Je les ai commencées et poursuivies sur celles que M. Sayce avait publiées dans le *Journal of the Royal Asiatic Society*, 1882, July, pp. 377-496; 1882 October, pp. 497-732; 1888 January, pp. 1-48, 1893 January, pp. 1-39 et 1894 October, pp. 691-732. Cet éminent égyptologue et assyriologue, en publiant en trascription presque la totalité des inscriptions urartiques connues, en en faisant la traduction interlinéaire, en les commentant ensuite et, en dernier lieu, en ajoutant le glossaire, s'était montré comme le premier représentant de l'urarțologie. Sa grande autorité, comme celle de Fr. Lenormant, m'avait captivé pendant quelque temps. Mais comme je constatais que ses vues manquaient d'une base solide, et que ses traductions ne présentaient point de consistance indispensablement nécessaire dans une matière si importante, je m'étais convaincu que je devais prendre une autre direction, en m'affranchissant d'une autorité, qui s'était d'ailleurs trahie contestable par ses procédés très peu méthodiques.

J'avais dûment constaté l'existence dans nos inscriptions d'un certain nombre de mots de l'arménien classique; j'en ai conclu que ces inscriptions, se trouvant sur le vieux sol de la vieille race arménienne, en devaient contenir un nombre bien plus considérable. Mon espoir devenait une réalité chaque jour davantage. J'étais sans doute dans mon droit lorsque, à la suite des découvertes successives que je faisais sur ce terrain, j'ai pensé que, comme l'arménien classique était parent des dialectes éraniens et du sanscrit, mes recherches devaient s'étendre sur ce terrain aussi. A la suite des découvertes sûres, faites dans cette direction, j'étais convaincu que toutes les langues de la famille aryenne ne pouvaient ne pas avoir des représentants dans l'ensemble des mots de nos inscriptions nationales. Le mot grec Argistis, ce nom de deux rois d'Urarțu, m'avait tout d'abord donné un faible espoir qu'il ne serait pas le seul existant dans nos inscriptions; toutefois j'ai cru, pour un temps, devoir renoncer à poursuivre mes recherches dans cette direction. Cependant, passionné au suprême degré de rendre un service à la science et à ma patrie, je tâchais de surmonter toutes les difficultés qui m'environnaient. Je sentais, d'un côté, que les recherches de tous les instants épuisaient mes forces vitales; de l'autre, voyant qu'une masse assez considérable de mots, présentant des caractères particulièrement difficiles à reconnaître, m'opposait une résistance très forte, l'envie de la vaincre et de réussir même sur ce terrain l'emporta sur la nécessité de consulter ma santé, originairement faible. Je pensais qu'il y avait là un trésor immense, à n'en pas douter. Il fallait donc, à tout prix, trouver et prononcer le mot fatidique qui m'ouvrirait les portes du trésor précieux. J'ai hâte de dire que le mot, heureux à tous égards, était grec: *Argistis*. Ce mot, en grec ancien ἀργεστής, signifiant ' blanc, éclatant de blancheur ', je l'ai prononcé. De la sorte, aujourd'hui je suis en possession d'environ deux cinquièmes des mots de nos inscriptions nationales.

Cependant, les efforts continus produisirent en moi une profonde altération du système nerveux. Le 10 Juillet 1896 j'ai eu un trouble de santé plus fort que celui que j'avais éprouvé l'année précédente. Monsieur Gasparian, docteur en médecine, mon compatriote, arriva en toute hâte; ses soins intelligents et éclairés me remirent dans mon assiette. Qu'il me soit permis de lui renouveler ici l'expression de ma profonde gratitude. Le 21 du même mois je quittais Constantinople pour un voyage en Europe. C'est dans l'ancienne Rome que j'ai exploité, tout à mon aise, le trésor nouveau que j'avais découvert dans la nouvelle Rome.

Au cours de mes études j'ai constaté qu'un certain nombre de mots latins figurait dans nos inscriplions. J'y ai constaté aussi l'existence de quelques mots allemands, de l'idiome kurde et même de deux mots des dialectes de l'arménin moderne ou plutôt vulgaire.

Comme mon savant lecteur voit bien, tous ces facteurs relèvent du domaine des langues aryennes; je pouvais donc très légitimement et même je devais forcément m'en servir dans l'interprétation des inscriptions urarțiques. — Les éléments composant l'idiome de nos inscriptions nationales sont donc, dans une très grande majorité, aryens ou indo-européens.

Cependant l'assyrien y figure par un petit groupe de douze (12) mots; l'accadien s'y représente par deux mots indépendants; un seul mot, *eši* = *esi*, ressortit, à ce qu'il paraît, au groupe des langues proprement touraniennes. Ce mot signifie dans nos inscriptions 'caractère, écriture, inscription, loi *civile ou religieuse*'. En idiome turc *ïazy* (subst.) signifie 'caractère, lettre, écriture'.

Dans les inscriptions, publiées jusqu'à ce jour, huit (8) mots échappent à toute comparaison ou identification quelque peu sûre. Il va sans dire qu'ils formeront l'objet de mes recherches ultérieures. Cependant le sens de deux de ces huit mots est sûr, puisque l'un d'eux est précédé d'un idéogramme connu, et l'autre est remplacé, dans un des trois parallèles, par un idéogramme également connu.

Ici déférant au légitime désir de mes lecteurs, je donne, à titre provisoire, les quantités des mots de chaque idiome, leurs proportions centésimales par rapport à l'ensemble, en y comprenant le chiffre des mots restés encore sans identification. Je dois cependant faire observer que, à l'exclusion des dérivés qui s'expliquent par leurs racines, ce sont les mots indépendants ou de racine que je mets en ligne de compte:

I. — Idiomes aryens:

	mots	%	°/°°
1. Arménien classique (*grabar*) . . .	141 =	39	058
2. Grec ancien	139 =	38	504
3. Dialectes éraniens.	21 =	5	817
4. Sanscrit	15 =	4	155
5. Latin	11 =	3	047
6. Allemand	5 =	1	385
7. Ancien slave	1 =	...	277
8. Dialectes de l'arménien vulgaire . .	2 =	...	554
9. Kurde	3 =	...	831
Total pour les idiomes aryens .	338 =	93	628

II. — Idiomes sémitiques:

	mots	%	°/°°
1. Assyrien	12 =	3	325

III. — Idiomes touraniens:

	mots	%	°/°°
1. Accadien	2 =	...	554
2. Turc	1 =	...	277
Total des mots indép. identifiés.	353 =	97	784
Mots non identifiés	8 =	2	216
Total des mots indépendants .	361 =	100	—

Je me hâte de dire à mes lecteurs érudits que, en ce qui concerne la répartition des mots des idiomes aryens, lorsque j'ai rencontré un mot commun à l'arménien classique et à quelques autres langues aryennes, je l'ai généralement adjugé à l'arménien classique; en l'espèce, de droit il prime les autres idiomes. Dans les autres cas, j'ai attribué le mot à tel idiome, qui présentait le plus de titres par rapport à la racine, à la forme ou à la signification du mot.

Je ne m'arrêterai pas ici à parler longuement de cas nombreux, où mes devanciers ont cru devoir lire comme un mot ce qui n'est bien réellement que deux mots. J'ai même constaté quatre cas, où trois mots avaient été lus comme un seul et traduits en conséquence, je veux dire, d'une façon absolument inexacte. Le lecteur en trouvera un peu plus loin quelques exemples.

Pour donner à mes honorés lecteurs la preuve de la nature et des caractères aryens de l'idiome des inscriptions urarţiques, j'en extrais les passages suivants, en faisant, au bas de chaque extrait, les identifications nécessaires. Pour la traduction du texte j'adopte le latin et le français; le premier s'adapte, généralement parlant, à la traduction du texte en ordre de mots, ligne par ligne, tout comme l'arménien classique; toutes les fois que le second ne peut suivre cet ordre sans présenter un sens obscur, je mets la traduction française en paragraphe au bas de l'extrait respectif.

I.

(N° XXXVI de Schulz, N° III de M. Sayce).

1. (DIS)   Is-pu-'u-i-ni-is[1]   (DIS)   ŠA-ri+dur+ḫi-ni-s[2]   Bur-ga+na-ni[3]
† (vir)   Ispúinis,   (vir)   Šariduris-filius,   Burganam
* (homme)   Ispúinis,   (hom.) de-Šaridur-le-fils,   la-Burgana

1. si-di[4]   si-tu-ni[5]
† denuo   erexit;
* derechef   érigea;

2. (AN)   Ḫal+di-ni-ni[6]   us-gi-ni[7]   [(DIS)]   Is-pu-'u-i-ni-is
† (dii)   Ḫaldisianis   fortissimis   [(vir)]   Ispúinis,
* (dieux)   aux-Ḫaldisiens   très-forts   [(hom.)]   Ispúinis,

2. (DIS)   ŠA-ri+dur+ḫi-ni-s
† (vir)   Šariduris-filius,
* (hom.)   de-Šaridur-le-fils,

3. Ê[8]   i-ni[9]   si-di   si-tu-ni   i-nu-ki[10]
† domum   hanc   denuo   erexit,   habitationem
* la-maison   cette   derechef   érigea,   la-demeure

3. ba-du-ši-ni[11] . . . (mots effacés) gi-e-i[12]   si-da[-'u-ri][13]
† in-malam-partem-mutatam. . . ,   solum   palis-circumdedit.
* délabrée . . . ,   le-terrain   de-pieux-garnit.

IDENTIFICATIONS.

1. *Ispúinis.* Comparaison: gr. εἰσπαίω 'se précipiter, *attaquer'; *Ispúinis*, partic. prés. 'qui se précipite sur, qui attaque'.

2. *ŠAridurḫinis* est un mot composé de : *a)* *ŠAri*, dont la première syllabe constituait le nom de la déesse d'amour et de guerre des Accadiens et des Assyriens ; la seconde syllabe, *ri*, est dans ce nom un suffixe explétif. « Šaris » est l'Istar des Assyriens et l'Astļik des Arméniens. — *b)* *dur* ; comp. : arm. cl. *tour, tourḳ*, gr. δῶρον ʻ don, présent ʼ. Dans d'autres inscriptions nous avons « Šari+duris ». « Duris » a des rapports avec le mot urarţique *du*, qui a pour correspondant le mot latin *do*, le sanscrit et l'ancien éranien *dâ* ʻ donner ʼ ; dans l'arm. cl. nous avons *tam* ʻ je-donne ʼ, *é-tour* ʻ tu-donnas ʼ ; — *c)* ḫinis, adj. verbal et partic. passé du verbe *ḫu*, qu'il faut comparer avec la racine *hu* ʻ engendrer ʼ de l'ancien. ér. — *ŠAridurḫinis* signifie donc ʻ fils-du-présent-de-Šaris ʼ, ou bien ʻ fils-du-donné-en-présent-par-Šaris ʼ. (Le mot *Astouaẓatour* de l'arm. cl. signifie ʻ Dieudonné ʼ),

3. *Burganani* ; mot composé de : *burga* == allem. *burg*, goth. *bourgs* ʻ château ʼ, arm. cl. *bourgn* ʻ tour, pyramide ʼ, gr. πέργαμον ʻ lieu élevé et fortifié ʼ. — *b)* *na* == a. ér. ʻ terre, pays, * lieu ʼ. (*Burgana* était très probablement le temple, avec ses dépendances, érigé sur *le sommet* de la montagne, où se trouve la grande inscription de l'Ordonnancement des Sacrifices, dite de Tchoban-kapoussou, gravée par Ispûinis et son fils Minuas Iᵉʳ. (env. 805 av. J.-C.)). Ce temple, bien que ruiné, existe jusqu'à nos jours ; on l'appelle *Toprak-kalé* ʻ forteresse de terre ʼ.

4. *Sidi.* (Il faut disjoindre ce mot de celui qui le suit). *Sidi* se trouve dans le mot de l'arm. cl. *vér+sti+n* ʻ derechef ʼ ; dans ce mot la première syllabe est, sans contredit, l'adv. signifiant ʻ en haut ʼ, attaché comme simple affixe ; la lettre *n* y figure comme une terminaison. Le mot *vérslin* devait être d'une formation relativement récente.

5. *Situni* (dans maintes autres inscr. *istuni*) ; comp. : gr. ἵστημι ʻ produire, dresser ʼ, arm. cl. *hast-ém, ste-ḷẓém*, ʻ créer ʼ, d'où ʻ construire ʼ, a. ér. *astu*, pers. *hastis* ʻ existence ʼ.

6. *Ḫaldinini.* Les *Ḫaldini* (nom. pl.) étaient des esprits célestes, très probablement les âmes des ancêtres des Arméniens des anciens temps, ancêtres qui reconnaissaient et adoraient Ḫaldis, le dieu suprême des Urarţiens.

7. *Usgini.* Comp. : arm. cl. *oujgin* ʻ bien fort ʼ.

8. *É.* Idéogramme de la ʻ maison ʼ == ʻ temple ʼ dans le cas présent.

9. *Ini.* Comp. : lat. *is* ʻ lui, celui-ci ʼ, nouv. pers. *ân.* ʻ celui-ci ʼ.

10. *Inuki.* Comp. : gr. ἐνοίκιον ʻ demeure, habitation ʼ.

11. *Badušini.* Comp. : arm. cl. *vat* ʻ mauvais ʼ, *vat-ťarém* ʻ rendre mauvais, dégrader ʼ, scrt *pât* ʻ mal, s. ʼ, a. ér. *vazdañh*, pers. *vad*, angl. *bad* ʻ mauvais, méchant ʼ. — La syllabe *ši* est un suffixe dénotant ici le part. passé ; ailleurs ce suffixe est celui d'un simple adj. ou d'un adj. verbal.

12. *Giei*. Comp.: arm. cl. *gé-tin* (= *gïé-tin*) 'terre, terrain, sol', gr. *γύη* 'poét. terre, pays', p. *ǧaï, gah*, péhl. *gás*, a. ér. *gâtu*, a. p. *gathu* 'lieu'.

13. *Sida'uri*. Comp.: gr. *σταυρόω* 'garnir (entourer) de pieux'.

II.

(Nᵒ XVII de Schulz, Nᵒ V de M. Sayce).

26/73,74. 'u-i[1] nu-ri[2] la-ku-ni[3] a-lu-kid[4] ar-di-ni[5]
          et *oblationes* *decreverunt* *quoad-omnis* *diei*

26/73,74 ḫu-ru-na-a-i[6]
          tempora,

26/74. si+li[7] gu+li[8] ti-su-ul+du+li-ni[9].
        pro-primâ-statione, *pro-Goh-statione,* *pro-vesperis-recessûs-statione.*

(Traduction française) *et[1] ils-déterminèrent[3] des-offrandes[2] pour-les-temps[6] de-tout (chaque)[4] jour[5], pour-la-première-station[7], pour-la-station-de-Goh[8], et pour-la-station-du-déclin-du-soir[9].*

IDENTIFICATIONS.

1. *'Ui*. Comp.: arm. cl. *ou*, a. ér. *aiwi*. pers. et assyr. *u* 'et'.

2. *Nuri*. (Il ne faut pas lire *nu-su*; car le caractère copié par Schulz, quoiqu'un peu effacé, est assurément *ri*). Comparez *nuri* avec le mot de l'arm. cl. *nouêr* 'offrande; * don, présent'.

3. *Lakuni*. Comp.: gr. *λαγχάνω* 'être désigné par le sort'. Il est manifeste que dans le langage urarṭique le mot *lakuni* a un sens actif, 'déterminer, désigner'.

4. *Alukid*, gén. sg., dont le nom. est *alus*. Comp.: allem. *all* 'tout, chaque'.

5. *Ardini*, gén. sg. dont le nomin. est *ardinis*. Comparez la racine *ard* avec la racine *ard* de l'a. ér. signifiant 'qui s'élève et se répand'. Comp. aussi le mot gr. *ἄρδις* 'dard. flèche'; dans cet ordre d'idées *ardinis*, comme part. prés., signifierait '*soleil* dardant, lançant ses flèches. Comp. de même le mot lat. *ardens* 'ardent, brûlant'. *AN Ardinis* signifie tout d'abord 'dieu Soleil', et par extension 'jour'.

6. *Kurunâi*, gén. sg. (En confondant le signe *na* avec celui de *la*, on avait lu *ḫu-ru-la-a-i*). Comp. « ḫurunâi » avec le mot grec χϱόνος 'temps'.

7. *Sili* (= *šili*). Mot composé de: a) *si* (= *ši*), qui se trouve incrusté dans *aṟ-a-č'i-n* 'premier' de l'arm. cl., la première syllabe *aṟ* étant un affixe et une préposition, *a* un infixe de conjonction des syllabes et la lettre *n* une simple finale. (L'arm. cl. nous fournit des exem- de ce phénomène; voyez plus haut I. 4.) — b) *li*; ce mot se trouve dans celui de l'arm. cl. *té-ḷi* 'lieu, * station', peut-être même dans le mot fr. *li-eu* et dans le mot lat. *lo-cus* 'lieu'.

8. *Tisúldulini*, gén. sg., composé de trois mots: a) *tisúl*; comp.: scrt *doshá'* 'soir, obscurité', a. ér. *daoṣa* 'soir', gr. δείελος 'soir, du soir'. — b) *du* = arm. cl. *čou-ém* 'partir, aller'. Cet mot donne, dans maints passages de nos inscriptions, le sens du mouvement d'un lieu à un autre et du changement de position fait par quelqu'en; p. ex. 'je partis, je marchai, je fis marcher, je transportai'. Dans notre cas, il offre le sens du 'déclin' et de l' 'éloignement'. — c) *li*; voyez b) dans le numéro précédent.

III.

(Dans la même inscription).

27/75-77. (DIS) Ispûinis — (DIS) Minûas — [GIS[1]] ul-di-e[2]
      (*vir*) *Ispúinis* — (*vir*) et *Minûas* — [*lignea*] *labra*

27/75-77. su-ḫe[3]   te-ru-ni[4]   (AN) Ḫal+di-e[5] lu-'u-e-se[6]
      facientes *elevaverunt* (*deus*) *Ḫaldi*,   *cyparisseam*

28/77. (GIS)   za-a-ri[7]   su-ḫe[3]   te-ru-ni   'u-i gi-e-i
      (*lignum*) *arborem* *fabricantes* *elevaverunt,* *et*   *solum*

28/77. is-ti[-ni[8] si-da]-'u-ri
      eorum   *palis-circumdederunt.*

(Trad. fr.) (*hom.*) *Ispúinis* — *et Minûas* — *en-construisant[3] des-bassins[2] de-bois[1], les-érigèrent[4] (dieu) à-Ḫaldis[5], en-ouvrageant[3] un-abre[7] de-cyprès[5], le-hissèrent[4], et le-terrain d'eux[8] de-pieux-en-tourèrent.*

IDENTIFICATIONS.

1. *GIS.* est l'idéogramme du bois ou de la qualité de bois d'un objet.

2. *Uldie*. Arm. cl. *ourd* ʿconduit d'eauʾ, a. ér. *urudh* ʿun grand canalʾ. (Dans l'espèce il s'agit de bassins, ce que nous indique le mot *élevèrent*; il est donc manifeste que pour signifier ʿconduit d'eauʾ et ʿbassinʾ on se servait d'un seul mot, *uldis*. Nous sommes en mesure de juger qu'il s'agit ici de deux bassins, pareils à ceux qui se trouvaient devant le temple de Ḫaldis à Muṣaṣir).

3. *Suḫe*. De nos jours, dans le district de Mousch, les Arméniens emploient le mot *soukém* pour signifier ʿfaire, fabriquer, construire, ouvragerʾ.

4. *Teruni*. Comp. la racine *ter* avec l'adv. de l'arm. cl. *vér* ʿen hautʾ et avec le verbe *ver-aṣouṣaném* ʿéleverʾ.

5. *Ḫaldie*, mot composé de: a) *ḫal*, == *kas* racine dans le sanscrit, signifiant ʿlumière, splendeur, éclatʾ. (Le changement des deux caractères ou des deux sons dans le mot *ḫal* répond, à n'en pas douter, aux règles de la philologie). — b) *dis*, nomin. sg. part. prés. du mot urarṭique *du* ʿdonnerʾ, ce mot ayant pour homogènes les mots scrt et a. ér. *dâ*, gr. δίδομ, lat. *do* ʿdonnerʾ. (Ainsi le mot *Ḫaldis* signifie ʿcelui qui donne lumière, jette éclat *ou* splendeurʾ. — Le mot *kâyẓ* ʿétincelleʾ de l'arm. cl. est sans doute un reste de la racine *kas* du sanscrit. — D'ailleurs la forme primitive du mot *Ḫaldis* devait certainement être *Kasdis*; et comme les peuples des districts de Naïri — Urarṭu, vaincus par des rois de Biaina, adorateurs de Ḫaldis, sont appelés *Ḫaldi* dans certaines inscriptions de ces mêmes rois, ils devaient s'être primitivement appelés *Kasdi*. Les *Kasdim* de la Genèse (XI. 28, 31 etc.) étaient, à mon avis, ces mêmes *Kasdi* == *Ḫaldi*, qu'on a confondus du temps d'Esdras (Vᵉ siècle av. J.-C.) avec les Chaldéens de l'Euphrate inférieur [1]).

6. *Lüese*. Comp.: arm. cl. *noǵi* ʿcyprèsʾ. (C'est sans contredit le pendant du cyprès que nous voyons hissé au sommet du fronton du temple de Muṣaṣir. Voy. Botta, II. pl. 141 et *Journal of the R. Asiatic Society*, 1882 October, p. 655.

---

[1]) Je crois avoir découvert la ville d'*Ur Kasdim* de la Genèse dans les mots *U-ra-as maḫáz dan-nu-ti*... ʿville forte d'Urâsʾ de la stèle (col. III. l. 10) de Šamsi-Ramman IV. (823-812 av. J.-C.), et dans les mots *MÂT Ur-ya-ni* ʿpays des-Ur-iensʾ mentionné dans la Grande-Inscription (col. I. l. 25) d'Argistis Iᵉʳ (env. 780-755 av. J.-C.). Le pays ou plutôt le district aurait pris son nom de la ville qui, malheureusement, n'est pas mentionnée dans quelque inscription urarṭique. J'identifierais le district des Uriens avec celui d'Aréüiḳ (rive gauche de l'Araxe central) de nos auteurs du moyen âge. — D'ailleurs le nom de Nahor, père d'Abraham, ne nous indique-t-il pas son origine du pays de Na'ri, Nahri, Naïri, pays ʿdes-Fleuvesʾ, comme l'Arménie des temps anciens était appelée par les rois d'Assyrie? — L'ensemble de ces données a son éloquence.

7. *Zâri.* Arm. cl. *ẓaṛ*, scrt *dâru*, a. ér. *dâuru* 'bois', a. ér. *dru*, goth *triu*, angl. *tree* 'arbre'.

8. *Istini.* Comp.: lat. *iste, a, ud* 'ce, celui-ci'. (La plupart des prénoms de l'idiome urarṭique sont, selon leurs formes extérieures, les mêmes que ceux de certains idiomes indo-européens, à cela près que, quant à leurs significations, l'ordre de personnes change en partie; ainsi en urarṭique *istini*, signifiant 'd'eux, leur', a pour correspondant le mot lat. *iste* etc., quoique ce mot soit d'un degré éloigné de la signification du premier).

IV.

(De la même inscription).

31/83,84. (GESDIN[1]) me-si-i[2] 'u-li-ni[3]   mi-i-e-si[4]
    † (*vinea*)   *vinum, oleum,   carnem*
    * (*vigne*)   *du-vin, de-l'-huile, de-la-viande,*

31/84.   me-și[5]   el[6]   mu-tu[7]   a-nu-'u-ni[8]
    † *vinum   in   musto   offerant.*
    * *du-vin   en   moût   qu'-ils-offrent* (subjonct.).

IDENTIFICATIONS.

1. *GESDIN*, préfixe déterminatif qui indique communément la nature ou la qualité de l'objet qui le suit immédiatement; dans l'espèce c'est le vin provenant du raisin, qui est la production de la vigne.

2. *Mesi.* Gr. μέδυ 'boisson enivrante, vin', a. h. allem. *metu*, a. slave *medǔ* 'miel, vin'.

3. *'Ulini.* Arm. cl. *iuḷ* 'huile, beurre', gr. ἔλαιον, lat. *oleum* 'huile *d'olive*, huile *en gén.*[al]'.

4. *Miesi.* (Lisez dans l'original *mi-i-e-si*) Arm. cl. *mis*, scrt *mâmsa*, lith. *miesa*, a. sl. *meso*, alb. *miš* 'viande', a. er. *myaz-da*, dont la première partie devait signifier 'viande'.

5. *Meși*, variante de *mesi*; voy. le n.º 2 ci-dessus.

6. *El*, prép. Gr. ἐς, prép. 'dans, sur'. (Il faut disjoindre ce mot d'avec celui qui le précède).

7. *Mutu.* Lat. *mustum*, arm. cl. *ḫaz-mouz*, allem. *Most* 'moût'.

8. *Anùni.* Comparez la racine *an* avec celle du scrt *an-na* 'offrande aux dieux'.

V.

(N.º V de Schulz, N.º XL de M. Sayce).

47. ... ḫu-ti-a-di[1]   (AN) Ḫal+di-i-e-di EN-di[2]
    ... *in-nomine-divinitatis* (deus) *Ḫaldis*   *Domini,*

48. (AN) IM-di[3]   (AN) UT-di[4] AN-MEŠ[5] as-te[6]   (MÂT)
    (*deus*) *Téisbae* et (*deus*) *Ardinis deorum,   deorum* (*terra*)

48. Bi-a+na+as-te[7]
    in-Bianâ-consessorum

49. a-lu-ši-ni-ni[8] al-šu-i-si-ni[9] a-li-a[10]   ba-di[11]
    civium   victorum   aliorum   omnium,

50. ḫa-a-si[12]   al[13]   mi[14]   AN-MEŠ[5]
    pugnaverunt apud   me   dii.

(Trad. fr.) ...*au-nom-de-la-divinité*[1] (*dieu*) *de-Ḫaldis le-Seigneur*[2], (*dieu*) *de-Téisbás*[3] et (*dieu*) *d'-Ardinis*[4] *les-dieux*[5], *dieux*[6] *des cito-yens*[8] (*pays*) *demeurant-en-Biana*[7] *vainqueurs*[9] *de-tous*[11] *les-autres*[10], *les-dieux*[5] *combattirent*[12] *à*[13] *mes*[14] *côtés*[13].

IDENTIFICATIONS,

1. *Ḫutiadi*, génit. compréhensif du *ḫutia*. Comp. kurde *ḫodé*, n. p. *ḫudâ* 'dieu, *seigneur'. (Comme gén. compr. le mot implique le sens de 'au-nom- —').

2. *EN-di*. La valeur phonétique de l'idéogramme *EN* est exprimée dans d'autres inscriptions par le mot *e'uri* (= *ehuri*); comp. a. ér. *aura, ahura* 'seigneur'; (*e'uris* = ? arm. cl. *tér* 'seigneur').

3. *IM-di*. L'idéogramme *IM* a ailleurs pour correspondant le mot-nom propre *Téis(e)bás* 'Air-dieu'. C'est un mot composé de : a) *téi*; scrt *dyâus* 'ciel', gr. Ζεύς, gén. Διός, dat. Διί 'Jupiter, le ciel, l'air'. — b) *sebas* ou *sbas*; gr. σέβας 'vénération, culte, adoration', arm. cl. *spas* 'service'. Ainsi *Teis(e)bas* signifie 'le culte du ciel, — de l'air'.

4. *UT-di*; il faut le lire *Ardini-di*; voy. plus haut, II. 5.

5. *AN-MEŠ*. Le premier de ces deux idéogrammes est connu pour être celui de 'dieu'; le second est le suffixe déterminatif du pluriel, 'dieux'. Cependant ces deux idéogrammes ou déterminatifs ont leurs valeurs phonétiques dans le mot qui les suit, c'est à dire dans

6. *Aste*, gén. pl. Comp. arm. vulgaire de la Perse *astu*, arm. cl. *astou-aẓ* ‘dieu’. (Comp. aussi a. ér. *astŭ* ‘existence’).

7. *Bianâsṭe*. Mot composé de: a) *Bia+na*, nom du district, dont la capitale était Ṭûspâs. Postérieurement le district prit le nom de la capitale et lui donna le sien propre (Biana, Biaina = Van). — b) *aste*, part. prés. gén. pl.; comp. gr. ἴστ-αμαι ‘se placer, se tenir, être situé, * demeurer’. (Comparez ce mot avec celui du numéro précédent; il y a là un jeu de mots manifeste, qui a dérouté jusqu'ici les urarṭologues. Le mot *Bianâste* se rapporte au suivant:)

8. *Alušinini*, dont le nomin. sg. est *alu-ši*. Comp. *alu* = assyr. *ālu* ‘ville’; *ši* suffixe du partic. passé; *nini* suffixe du gén. pl.

9. *Alšuisini*, adj. gén. pl. La racine de ce mot est *alšu*, qu'il faut comparer avec celle du mot de l'arm. cl. *yaḷt'ou-t'iun* ‘victoire’. Comme adj., *alšuisi*, nomin. sg. = arm. cl. *yaḷt'-akan* ‘victorieux’.

10. *Alia*. (Il faut séparer ce mot d'avec celui qui le suit). Comp. arm. cl. *áyl*, gr. ἄλλος, lat. *alius* ‘autre’. (La métathèse est manifeste dans le mot *áyl*).

11. *Badi*, gén. pl. dont le nomin. sg. devait être *bas*; comp. gr. πᾶς ‘tout’.

12. *Ḥási*; Comp. arm. cl. *ḥaẓ-m* ‘combat, lutte, chamaillis’. (Ce mot et les deux suivants ont été, jusqu'ici, lus comme s'ils n'etaient qu'un seul).

13. *Al*, prép. = arm. cl. *aṛ*, prép. ‘auprès, à côté de’.

14. *Mi*. Comp. arm. cl. *im* (avec métathèse) ‘de moi, mien’, lat. *mihi* ‘à moi’, gr. μοι, *id*.

Les extraits qui précèdent ont dû donner à mes érudits lecteurs une assez juste idée de la nature aryenne ou indo-européenne de l'idiome des inscriptions cunéiformes qui se trouvent en Arménie. Les éléments hétérogènes, n'y constituant que la vingt-cinquième (25e) partie, ne peuvent nullement compromettre l'essence de l'idiome foncièrement indo-européen que j'y ai découvert. Sans parler de l'élément ouralo-altaïque, si même il l'est sans conteste, la présence de l'élément assyrien s'explique de ce fait que principalement la partie méridionale de Naïri, où était situé le district de Biana, se trouva, pendant près neuf siècles, en contact avec l'Assyrie et devait forcément subir l'influence de la langue d'un peuple conquérant, en état de guerre presque constant avec les populations des pays de Naïri. C'est même, j'ose le dire, cet état de lutte qui aurait empêché, à mon avis, l'intrusion sur une grande échelle des mots assyriens dans l'idiome essentiellement aryen de Biana ou d'Urarṭou.

Les formes grammaticales de l'idiome urarṭique laissent à désirer; l'absence d'une grande netteté y est visible. Il est toutefois constaté que, en général, les nominatifs singuliers des noms communs ou propres se terminent en : *a, as, is* et *us* (= *os*); ce qui est le trait distinctif des idiomes grec et latin. Les noms nous présentent, il est vrai, différentes sortes de déclinaisons; cependant celles-ci sont, si je puis m'exprimer ainsi, à peu près monotones; à l'exception du nomin. sing., les autres car se ressemblent plus ou moins. La déclinaison du mot « genu » du latin nous en donne une idée rapprochante. En somme, les déclinaisons sont d'une pauvreté très marquée; elles sont toutefois, on peut le dire, plutôt à flexion qu'agglutinatives. Le nombre des cas n'excède pas quatre; ce sont: nomin., gén., dat., acc.; il n'existe aucun exemple de voc.; à l'exception de ce dernier cas, la déclinaison urarṭique est le pendant de celle du grec ancien. Le génitif compréhensif y joue un rôle important; l'ablatif, l'instrumental, le locatif etc. sont exprimés par l'un ou l'autre des trois derniers cas. L'idiome urarṭique, pareil en cela à l'arménien classique, n'a point, à proprement parler, de genres; mais je dois ajouter que le mot *nu(s)* 'roi' a pour féminin la forme *nu+hus* 'reine', ce qui concorderait, quant à la terminaison de ce dernier mot, avec la finale du mot *t'ag-ouhi* 'reine' dont le masc. n'est que *t'ag-auor*. L'adjectif se forme, généralement parlant, par les suffixis, *-nis, -inis, -ši* ou *-si,* et *-și*. En général, l'adjectif concorde avec son substantif.

Le prénom est représenté dans nos inscriptions par un grand nombre de cas de 1re et de 3me personnes. J'ai déjà dit un mot de prénoms dans le n° 8 de l'extrait III.

Le verbe ne brille pas par la multiplicité de modes, ni de temps, ni sourtout de personnes et du nombre pluriel. L'absence d'une pareille richesse tient uniquement à ce que les rois d'Urarṭou ou leurs scribes, contrairement à ceux d'Assyrie, avaient préféré le style bref et concis dans leurs inscriptions; idée malheureuse sans doute pour l'histoire nationale et la science linguistique qui, dans le cas contraire, auraient été aujourd'hui en possession d'une richesse considérable.

La préposition et la conjonction nous sont connues par quelques mots seulement; il n'existe aucun exemple d'interjection.

Dans la syntaxe, le sujet occupe tantôt la tête de la phrase, et tantôt elle se place à sa suite; le verbe se tient presque toujours à la dernière place; en conséquence, les compléments balancent de côté et d'autre. Si donc l'idiome urarṭique n'est pas enrégimenté comme la langue française, sa syntaxe ressemble à celles du rhéteur grec Eschine (IVe siècle av. J.-C.) et de nos auteurs Eznik et Fauste de Byzance (Ve siècle apr. J.-C.). Mais il est des passages où la syntaxe présente tous les caractères de l'arménien moderne (*ašḫarhabar*), dont la qualité distinctive est de placer, presque toujours, le sujet au début, le verbe à la fin et les autres parties du discours au milieu de la phrase. En définitive, de même que l'idiome, de même sa syntaxe est celle d'une langue indo-européenne bien suffisamment caractérisée.

Revenant sur l'importante question de la voie que j'ai prise et des moyens que j'ai adoptés dans l'interprétation des inscriptions urarṭiques, je suis persuadé que Messieurs les orientalistes voudront bien constater qu'ils ne sont pas tout à fait les mêmes que ceux pratiqués par mes devanciers. Une partie de ceux-ci ont bien entrevu la nature de l'idiome de nos inscriptions ; mais, d'une part, l'esprit de fermeté et la persévérance dans leurs vues leur firent défaut ; d'autre part, comme ils balançaient entre une demi-certitude d'avoir à faire avec un idiome aryen et une constante crainte de faire fausse route, leur œuvre ne pouvait produire rien de solide et de conséquent. L'autre partie, prônant que c'était une « langue inconnue », ou bien qu'elle devait être interpretée par la langue géorgienne ou par le médique ou par l'accadien, était *a priori* condamnée à échouer complétement, n'était le peu de lumière qu'elle recevait du succès très relatif de ceux qui avaient entrevu l'aryanisme de l'idiome urarṭique. Ces éminents personnages devaient toutefois penser, avant tout et par-dessus tout, que, comme les plus anciennes inscriptions d'Urarṭu ne dataient que de la seconde moitié du IX. siècle av. J.-C., l'idiome qu'elles leur présentaient ne pouvait être mort sans avoir laissé des traces tant soit peu visibles qui, suivies sans hésitation comme sans tâtonnement, les auraient conduits à bon port. Ces traces furent pour moi un certain nombre de mots de l'arménien classique et un mot du grec ancien, comme j'ai eu l'honneur de dire plus haut. Quelques-uns de mes devanciers, quoique bien intentionnés dans leur travail, se croyaient obligés, pour ainsi dire, à recourir très souvent à l'assyrien, pour y voir le correspondant d'un mot ou d'une prhase urarṭiques ; ils y réussirent rarement ; très souvent ils donnèrent dans l'erreur. D'un autre côté, pour établir l'etymologie d'un nombre respectable de mots, ils se servirent souvent de dissection glossaire, en cherchant dans les parties disséquées du mot la signification de l'ensemble. Il est vrai que ce moyen, dûment employé, est d'une grande utilité en pareille matière ; mais que de fois n'ai-je pas constaté, à mon grand regret, le manque ou la faiblesse de la base, sur laquelle on opérait avec pleine et entière confiance ? Des phrases plus ou moins ingénieuses, des comparaisons pleines d'arguties n'ont fait que laisser tomber les uartologues dans des paralogismes regrettables. Aussi, sur ce terrain les interprètes de nos inscriptions échouèrent complètement, ou peu s'en faut. Cependant, la méthode comparative de la signification d'un même mot, se trouvant dans plusieurs inscriptions, a donné quelque résultat très appréciable. De la sorte, des mots inconnus ont livré leurs significations, restées cachées devant les autres moyens employés pour les découvrir. Cependant, si on a dû commettre, pour le bon motif, quelque abus en matière pleine de conséquences dangereuses, c'est sans contredit sur le terrain de l'interprétation purement et simplement conjecturale. Ne pouvant pénétrer le sens de la grande majorité des mots, à bout de ressources pour découvrir leur étymologie, et surtout ne songeant point à chercher leurs correspondants dans les langues aryennes, les urarṭologues se livrèrent à la conjecture, à leur corps défendant, il est vrai, mais ils s'y livrèrent. — Je suis heureux de dire ici que M. Sayce a pleinement réussi à découvrir dans nos inscriptions les mots assyriens qui s'y trouvent.

En ce qui me concerne, lorsque j'ai bien constaté l'existence réelle et positive de certains éléments aryens, malgré l'opinion de la majorité des urarṭologues et de certains historiens modernes, j'ai suivi mon instinct d'arménien à chercher ferme dans nos inscriptions l'idiome indo-européen, qui seul a dû régner, me disais-je, dès les temps préhistoriques, sur le vieux sol de l'Arménie.

Ces urarṭologues et ces historiens, en faisant pénétrer en Arménie une nation aryenne seulement après l'époque de la rédaction de nos dernières inscriptions, ne nous offraient aucun argument positif ni même convaincant à un degré quelconque. Aussi bien, ma défiance à l'égard de leur théorie a été salutaire et fertile en découvertes. — Pendant tout le temps de mes recherches j'ai scrupuleusement observé les règles les plus strictes de la philologie comparée. — Dans l'analyse des mots je ne me suis jamais permis ces tours de passe-passe linguistiques qui, en même temps qu'ils discréditent le faiseur aux abois, ne profitent nullement à la science.

Si donc mes devanciers, d'après un relevé de compte que j'ai fait, ont pu réussir 23 $^1/_{10}$ sur 100 dans l'interprétation de nos inscriptions nationales, le soussigné leur serviteur, tout en faisant la part de mécompte, a été à même d'elever ce chiffre à quatre-ving-dix (90) sur 100.

L'origine de l'histoire de l'idiome de nos inscriptions nationales est gravée, pour ainsi dire, sur ses traits mêmes. Cette origine étant dans l'*Aïryana vaeja*, siège primitif des peuples indo-européens, le peuple qui le parlait était en contact immédiat avec la race grecque, vivant avec cette nation comme sous le même toit. Jumeaux, les deux peuples menèrent longtemps une vie commune. Ce résultat est définitivement acquis, ce me semble, par les quantités des éléments philologiques, relatives à l'arménien classique et au grec ancien, qui figurent dans le bilan linguistique plus haut exposé. Mais le peuple urarṭique, c'est à dire le peuple arménien des temps primitifs vivait aussi, dans le siège primitif des peuples aryens, tout près des races sanscrite, éranienne, latine, allemande et slave, sans compter le reste des peuples aryens d'Europe et de l'Asie-Mineure.

A considérer le fond de l'idiome urarṭique, toute réserve faite pour les quantités des éléments grecs et éraniens, *cet idiome porte dans son sein tous les éléments indo-européens qui constituent le fond de la langue arménienne classique.* Le premier nous se fait connaître, par des productions littéraires, dans la seconde moitié ou plus exactement dans les premières années du dernier quart du IXe siècle av. J.-C. La seconde fait son apparition littéraire dans le premier quart du Ve siècle apr. J.-C. Aussi bien, entre ces deux termes près dé douze siècles et demi s'étaient écoulés ; et cependant les traits principaux et essentiels de l'idiome urarṭique, ce sont ceux qu'il a communs avec l'arménien classique : un fond de mots et la syntaxe qui sont vivants, quoique masqués, dans la langue des saints Sahak et Meṣrop et de leurs contemporains.

La conclusion s'impose donc d'elle-même : de même que l'arménien classique était ni plus ni moins que le dialecte de la province royale, nommée Ararat au IVe siècle apr. J.-C. et située au nord-est de l'Arménie, de même la langue des inscriptions n'était que le dialecte d'une partie du sud-est de l'ancienne Arménie. — Les dialectes parlés au sein d'une même nation ont ceci de particulier que, dans leurs vocabulaires, ils ont un fond commun à tous. Si au point de vue ethnologique, un peuple n'est qu'une entité morale indivisible, en revanche son langage se dissout en plusieurs dialectes ; aucun d'eux n'est en droit de porter, lui seul, le qualificatif ethnique de la nation ; si toutefois l'un d'eux le porte, c'est uniquement à titre conventionnel. En France il existait et existe encore nombre de dialectes ; mais ce fut celui de l'Ile-de-France qui prit le qualificatif ethnique et fut appelé 'langue *française* '; la raison en est que les rois de France résidaient dans cette province et rendaient leurs décrets en dialecte qu'on y parlait, et c'est dans cette province que des écrivains distingués produisirent des œuvres remarquables dans l'idiome de cette même province. Par suite, le dialecte de l'Ile-de-France fut censé représenter la langue des populations de la France, sans être en réalité la langue parlée par l'ensemble des populations françaises. Il en est ainsi pour toutes les autres langues portant le titre général ethnique respectif. Par conséquent, on serait en droit de dire que l'idiome des rois résidant dans le district de Biana aura dû représenter les dialectes de toutes les populations d'Urarṭu.

L'origine de l'arménien classique se place, tout comme celle de l'idiome urarṭique, dans l'*Aïryana vaeja*. Sa vie commence, mais d'une façon indirecte, à se manifester dans nos inscriptions cunéiformes, c'est à dire dans ces documents qui rendirent impérissable l'un des dialectes de l'Arménie d'ancienne époque. Aussi, je ne crois pas dire une erreur si j'affirme que, puisque les éléments indo-européens sont les mêmes dans les deux dialectes et ils constituent leur presque totalité respective, les populations du IXe siècle av. J.-C. n'étaient que les ancêtres directs et légitimes des Arméniens du Ve siècle apr. J.-C., et, par voie de conséquence, du peuple arménien moderne.

Par les motifs qui précèdent, je suis fondé à dire que le dialecte des inscriptions cunéiformes urarṭiques doit être considéré, avec dues réserves, comme l'idiome arménien des temps primitifs historiques. Cet idiome, à l'exclusion d'un petit nombre de mots sémito-assyriens, semble avoir gardé la nature et les caractères qu'il avait peu après les temps aryens primitifs. Il semble d'ailleurs que le dialecte urarṭique s'est forgé un petit nombre de mots de son propre cru ; mais ce phénomène est, toute proportion gardée, beaucoup plus visible dans toutes les autres langues indo-européennes, qu'il ne l'est chez lui. — La vie de cet idiome dut être monotone, ou bien sans grand mouvement. Ce n'est que l'élément assyrien qui, du temps de l'empire des rois d'Assour et de Ninive, vint changer un peu, on peut le dire, sa pure figure aryenne. Après la destruction de cet empire (607 av. J.-C.) l'influence médo-persane y apporta peut-être quelque modification. Sans doute, après la chute du royaume d'Urarṭu par Darius Ier (519 av. J.-C.), l'idiome urarṭique dut, sous l'empire perse des Achéménides, subir une transformation. Cet état de choses dut s'aggraver davantage dans les siècles suivants, sous les Séleucides et surtout sous les rois indigènes résidant au nord-est de l'Arménie. Mais je suis persuadé que, malgré tous les changements politiques et religieux qui survinrent en Arménie depuis plus vingt-quatre siècles, l'idiome de nos inscriptions n'a point entièrement disparu. Il faudrait en chercher les débris aux environs du lac de Van et même dans les populations kurdes.

Nous avons vu dans le bilan des éléments constituant l'idiome urarṭique que les dialectes éraniens venaient, quant à leur quantité, après le grec ancien. C'est l'inverse qui se vérifie dans l'arménien classique ; quoique l'élément grec y soit considérable, néanmoins l'éranien l'emporte certainement sur celui-ci. Il est très vraisemblable que, dès les temps les plus reculés, l'arménien classique avait dans son sein plus d'éléments éraniens que grecs. Mais il paraît certain que sous l'empire des Achéménides l'ancien persan s'était fortement domicilié surtout dans le nord-est de l'Arménie, foyer du dialecte classique. Xénophon nous rapporte (*Anabase,* IV. 5) que, lorsque l'armée grecque, partie de Babylonie et en marche vers le Pont-Euxin, traversait l'Arménie (401 av. J.-C.), les grecs arrivèrent à ùn village et y rencontrèrent des femmes et des jeunes filles, qui s'exprimèrent en perse avec l'interprète de leur armée. C'est un indice, sans doute, que l'ancien persan avait alors pénétré jusque dans les villages. Je dois ajouter que, avec Tiridate Ier (53-59 et 66-100 environ, apr. J.-C.), les Arsacides régnants en Arménie semblent avoir contribué à augmenter davantage la masse des éléments éraniens dans le fond de l'idiome indigène. De la sorte et jusqu'au Ve siècle après J.-C. les éléments éraniens d'époques postérieures avaient pris droit de bourgeoisie dans l'arménien classique, la proportion de leur nombre faisant ainsi contraste avec celle existant dans l'idiome des inscriptions. — Il est vrai que, au Ve siècle, par la traduction des onvrages grecs, le grécisme se glissa en partie dans l'arménien classique ; mais nos traducteurs n'y admirent qu'un nombre relativement restreint de mots étrangers, ce qui ne pouvait révolutionner la langue d'une façon profonde ; celle-ci était alors déjà formée ; les saints Sahak et Mesrop et leurs élèves y ajoutèrent plutôt une nuance de phraséologies syrienne et grecque plus ou moins prononcée.

De ce que l'élément grec se trouve fortement représenté dans l'idiome urarṭique et dans l'arménien classique, et qu'il en faisait partie dès l'époque aryenne primitive, il s'en suit maintes questions des plus importantes. Quoique celles-ci n'entrent pas dans le cadre de ce court Mémoire, mon honoré lecteur voudra bien me pardonner si je ne puis résister au désir d'en dire quelques mots en finissant. Je tiens donc pour sûr et certain que les populations grecques de l'Hellade avaient émigré de l'Arménie-Majeure, ou, plus précisément, de la partie orientale de ce pays. Je dis la même chose en ce qui concerne les Ioniens, les Phrygiens, les Lyciens, les Cariens et les autres peuples de l'Asie-Mineure, qui parlaient un idiome grec plus ou moins corrompu ou défiguré. Si Hérodote nous dit (VII, 73) que « les Arméniens étaient une colonie des Phrygiens », aujourd'hui une critique éclairée a acquis la certitude que, pour être dans le vrai, il faut intervertir les termes de cette proposition.

Mes honorés lecteurs seraient peut-être désireux de connaître l'emploi que je voudrais faire de mes études. Le but que je me propose, c'est de publier un volume contenant les *Inscriptions cunéiformes urarṭiques* transcrites, avec triple traduction interlinéaire, en arménien classique, en latin et en français. Ce volume contiendra, comme de raison, le glossaire, avec identifications des mots, et la grammaire de l'idiome urarṭique [1]). Trois volumes seront consacrés à l'*Histoire documentaire de*

---

l'Arménie dès les temps les plus reculés jusqu'à l'an 440 apr. J.-C. Le premier de ces volumes devra contenir, avec des récits historiques, la géographie raisonnée d'Urarṭu d'après les inscriptions cunéiformes assyriennes, urarṭiques et perses, et d'après les données de l'histoire d'Hérodote. Le deuxième devra renfermer une partie des récits historiques et la mythologie telle que nous la font connaître nos inscriptions nationales ; cette partie de notre histoire religieuse est d'une importance capitale. Ces deux volumes contiendront aussi les traductions littérales de tous les passages des inscriptions cunéiformes assyriennes et perses, se rapportant à l'histoire ancienne de l'Arménie, de même que la traduction également littérale de toutes nos inscriptions nationales. Le troisième volume contiendra principalement l'histoire des Arsacides d'Arménie. A ces quatre volumes j'espère pouvoir ajouter un cinquième portant le titre d'*Études urarṭiques.*

Je crois pouvoir et même devoir espérer qu'à la suite de ce Mémoire mes honorés lecteurs, à quelque ordre de science et de connaissance qu'ils appartiennent, voudront bien m'accorder leur bienveillance et même leur indulgence, calculant surtout les difficultés de toutes sortes, inséparables de la tâche à laquelle je me suis volontairement voué. Toutefois, je n'ignore point que les adeptes de la tradition prétendue nationale et des critiqueurs quand même, malgré leur connaissance très superficielle en matière d'urarṭologie et de linguistique, se proposent déjà de me régaler d'un concert d'objections et même de corrections. Ceux qui, épouvantés par les difficultés sans nombre, reculaient devant la tâche accablante d'entreprendre sérieusement et de poursuivre constamment les études nationales urarṭiques, se croiront maintenant autorisés à parler en juges compétents. Je respecte leur liberté.

Venant exclusivement de personnages érudits, dignes de ce nom, les observations concernant les détails trouveront auprès de moi un accueil des plus respectueux ; car, si je ne suis pas du niveau de leur savoir varié et étendu, je suis d'avance assuré que leur parfaite érudition m'éclairera d'une lumière non équivoque, et que leur sympathique indulgence ne me fera jamais défaut.

Cette indulgence et la conscience d'avoir rendu *connue* une langue réputée ' inconnue ' seront pour moi une source perpétuelle de profonde gratitude et d'une grande satisfaction.

Joseph Sandalgian
du clergé arménien de Constantinople
ancien élève du grand-Séminaire Saint-Sulpice, à Paris.

Rome, hospice arménien, via Giulia, 63.
8 Décembre 1898.

9 7 8 2 0 1 3 5 0 3 8 4 6